Caroline Schneiders

Gedichte über

Liebe
  Vertrauen
und ganz viel
          Leben

BoD™
BOOKS on DEMAND

Ich widme diese Gedichte
all meinen
Wegbegleitern.

Caroline Schneiders

Liebe
Vertrauen

und ganz viel
Leben

Bibliografische Information der Deutschen Nationalbibliothek:
Die Deutsche Nationalbibliothek verzeichnet diese Publikation in der Deutschen Nationalbibliografie; detaillierte bibliografische Daten sind im Internet über http://dnb.dnb.de abrufbar.

© 2017 Caroline Schneiders
Herstellung und Verlag
BoD – Books on Demand, Norderstedt

ISBN: 978-3-7448-1325-9

Inhalt:

Ent-wicklung

In mir

Ich will mich spüren.
Zeit für mich.
endlich angenommen,
angekommen in mir.
Mich fühlen,

mir zuhören,
in mir verweilen,
in Liebe.

Tief in mir

Tief in mir,
finde ich einen Garten
voll Leben.
Unbeschreiblich schön
mittendrin
Ich.
In mir auftanken,
losgelöst
von oben.

Stille

Ich suche die Stille
in mir.
Ein Ort des Friedens.
Ruhig,
losgelöst.
Ein Lachen.
Zufrieden in mir.
Getragen,
gehalten,
geliebt.
In mir.

Für dich

Ein Rausch von Erotik
und heißer Liebe
durchströmt mich.
Blankes, rotes Fließen.
Lust pur.
Hingegeben, in das,
was kommt.
Voll Vertrauen.
Loslassen total.
Hineinfallen in mich.
Getragen von dir.

Anhalten

Lausche in mir,
immer tiefer sinkend,
hoffend.
Tiefer und tiefer sinkend,
ins Nichts.

Nimm mich an die Hand,
führ mich,
tief in mir,
zu mir.

Quelle

Komm und lach,
laut und frech,
mitreißend, ansteckend,
wasser-fall-artig,
fröhlich singend,
ein gurgelnder Fluss
leise verhalten,
ganz zart,
tau-tropfen-gleich,
immer,
von der Quelle gespeist.

Frei

Ich darf
mich,
von den Fesseln
befreien,
die ich mir selbst
umgelegt habe.

Herz

Von den Fesseln befreit,
staunt das Herz.

Die bekannte Grenze fehlt.
Neugierig,
vorsichtig ausprobierend.

Erste Schritte,
in eine ungewohnte
Weite.

Abdruck

Die Bande haben einen
Abdruck hinterlassen.
Noch spür ich ihn.
Ich atme ihn
immer mehr weg.

Ein Gefühl von
frei sein
macht sich breit.

Heilung geschieht.

Sehnsucht nach mir

Ich geh die Stufen
hinunter,
auf dem Weg
zu meinem inneren Raum.

Dort treff ich
auf mich
und bin
vollständig
umgeben von mir.

Bedingungslose Liebe

Nur ich kann mich
verstehen.
Nur ich kann mich
bedingungslos lieben.

Vergeblich gesucht
im Außen,
finde ich in mir,

die Liebe.

Im Licht

Je mehr ich zu mir finde,
je mehr ich mich liebe,
je tiefer ich zu mir
durchdringe.

Desto
strahlender bin ich,
ruhend in mir,
im Licht.

Freiheit

Ich bin nicht länger
ausgeliefert,
den Launen anderer.

Mein Ruhepol in mir,
mein Fels in der
Brandung.

Bin ich,
für mich.
Freiheit pur.

Weniger ist mehr

Ich geh in meinen
inneren Raum.
Lausche,
halte inne,
baue eine Brücke
zum Leben,
nach außen.
Spüre das „ müssen",
das mich wegtreibt,
von mir.
Halte inne,
lausche und bleibe
bei mir.

Licht

Hab mich fast verloren,
Im Trubel vergessen,
zugemauert,
abgeriegelt,
das innere Licht,
das ich bin.

Durch kleine Ritzen,
seh ich es leuchten,
fast zugedeckt.

Hoffnung

Die leise
innere Stimme.
Das feine,
innere Leuchten.
Die unverkennbare,
innere Ruhe.

Sind da,
warten,
auf mich.

Sehnen

Ich sehne mich nach dir,
nie gestillt.
Immer wieder hoffend,
nie erfüllt.

Der Weg führt zu mir.
Nur ich allein kann
das Sehnen stillen.

Wer sonst,
vermag mich zu kennen,
in meiner Einzigartigkeit ?
Nur ich allein.

Sicherheit

Nichts ist beständig,
alles im Fluss.

Nichts festhalten.
Loslassen.

Leben,
mit der Sicherheit,

dass alles fließt.

Im Jetzt

Augenblicklich
im Jetzt,
finde ich mich.

Angstlos,
gedankenlos,
offen,
losgelöst,
frei.
Im Jetzt.

Was ich brauche

Alles im Wandel.
Heftige Sehnsucht,
scheinbar unerreichbar,
das, was ich will.
Inne halten, mich spüren,
meiner gewahr sein.
Ich, nur ich,
kann mir geben,
was ich brauche.
Immer da gewesen,
alles miterlebt,
nur ich allein.
In Dankbarkeit,
nehm ich mich in den Arm.

Ich ziehe um, zu mir
Ich bereite den Raum
her, für mich.
Wohlfühlen in mir,
ausbreiten, einrichten.
Bei mir, kann ich mich
fallen lassen und bin
gehalten, so wie ich bin.
In mir angekommen,
mir alles gebend,
was ich brauche,
werde ich nach außen
erwartungslos, offen,
neugierig, frei.
Im Zusammenspiel
mit dir.

Annahme

So wie ich bin,
mit all meinen Ecken
und Kanten,
mit all meinen Gedanken,
nehm ich mich an.

Ohne Schuld und Scham.
Ein Licht,
ein Strahlen
macht sich breit
in mir.

Licht

Ich stell mich ins Licht.
Genieße,
tanke auf,
ganz bewusst.

Lass mich umfließen,
auffüllen,
erfüllen.

Eingetaucht,
ins Licht.

Im Licht der Liebe

Im Licht der Liebe,
kann ich großzügig sein.

All meine
ungeliebten Seiten
annehmen,
umarmen.

Die Lichtquelle von Außen
nährt mich,
hilft mir,
mir zu verzeihen.

Wunder

Es braucht offene Türen,
nach Innen,
nach Außen.
Die Liebe zu mir,
das bedingungslose
Einlassen,
auf die Schöpfungsliebe.

Wenn sich beide Flüsse
treffen, in mir,
geschieht das Wunder.

Der Ruheort

Ich mache mich auf
den Weg zu mir,
zu dem Ort,
wo Ruhe herrscht,
wo alles „müssen"
draußen bleibt.

Ich geh durch die
Schranken
und bin frei.
Ruhe in mir,
mach mich weit,
lass los,
fließe und bin.

Anspruch

Mein Anspruch an mich,
die Beste zu sein,
entfernt mich,
von mir.
Ich renne, hetze, hinke,
dem Leben hinterher.
Gestolpert,
fast gefallen,
halte ich inne.
Wo bin ich ?
Was bin ich ?
Wer bin ich ?
Halte inne,
verschnaufe und lausche.

Neuanfang

Das Müssen los lassen.
Das Sein einladen.
Unabhängig von Außen.

Nicht mehr
kontrollierbar,
uneinschätzbar,

lebe ich mich.

Fehler

dürfen passieren.
Mit einem Lachen
entschärft.

Immer wieder,
unaufhörlich,
erneut aufstehen.
Loslaufen,
immer sicherer,
in neuen
Lebensräumen.

Wegbegleiter 1

Auch du bist mir ein
Wegbegleiter,
der Teile in mir
anspricht,
die beachtet werden
wollen.
Manche schlummern
tief in mir,
gut versteckt, zugedeckt.
Sie bahnen sich einen
Weg nach oben,
ausgelöst,
durch dich.

Wegbegleiter 2

Es ist nicht einfach,
diese Teile in mir
wahrzunehmen,
sie anzunehmen.
Lieber würde ich sie bei
dir lassen,
im Ärger auf dich,
sind sie verwickelt.
Sie zu entwickeln,
im Rohzustand
wahrnehmen,
als Teile von mir,
die um Annahme bitten,
um Heil zu werden,
in mir.

Frei-sein

Wenn ich all das
ent-wickle,
weshalb ich mich
über dich
ärgere,
bin ich frei.

Frei zu gehen.
Frei zu bleiben.

Der letzte Schritt

Was mach ich
mit dem Teil in mir,
der mich nicht
wahrgenommen hat ?
Nicht gesehen ?
Nicht gehört ?
Annehmen ?
Dankbar sein ?
Dass er mich zur mir
geführt hat ?
Noch bin ich nicht so weit
Es fehlt der letzte
Schritt, zur Umarmung.

Wir

Wir sind alle
Teile des Ganzen.

Teile, in sich stimmend.

Nicht mehr und
nicht weniger.

Mein Wesen

Ich habe mich
wieder gefunden.

Mein freches,
neugieriges,
wildes
Wesen.

Es lacht mir
entgegen.

Ohne dich

Manche Wege,
muss ich alleine gehen,
ohne dich.

Nur mit mir,
an meiner Hand.

Auszeit

Manchmal sprudelt
es aus mir heraus,
wie eine nicht endende
Quelle.

Manchmal bin ich
wie versiegt,
in mir verschlossen,
in mir ruhend.
Auszeit nehmend.

Schutz

Ich nehme Abstand von dir,
gehe auf Distanz,
bewusst mich schützen,
vor dir.

Davor,
dass ich mich nicht mehr
von dir
verletzen lasse.

In Ruhe

Ich will nicht mehr
warten müssen,
ungeduldig alles haben
wollen, sofort.
Gedanken haben das
Ruder übernommen,
beherrschen mich,
gaukeln mir Erfüllung vor.
Auf einmal, ganz sacht,
spüre ich mich im Jetzt.
Hör mich atmen,
lass mich,
mich wahrnehmen.
Ruhe naht,
aus mir heraus.

Schlaflos

Schlaflos liege ich wach,
mich spürend,
in mich hinein horchend.

Mir Zeit lassend,
für das,
was kommen will.

Unbezahlbar

Ich liebe es,
wenn du dir
Zeit nimmst für mich.

Mir Raum gibst,
mich wahr nimmst,
mit allen Sinnen.

Unbezahlbar.

Konkurrenz

Ich mag nicht mehr
in Konkurrenz gehen mit dir
mag mich nicht mehr,
messen an dir,
verglichen werden
mit anderen.
Ich bin, so wie ich bin,
mit meinem ureigenen
Wesen.
Nicht immer einschätzbar,
eigenwillig,
manchmal angepasst,
immer öfters
eigene Wege gehend.

Bruch

Wir waren
so offen miteinander.
im Fluss zusammen.
Irgendwann hast du
einen Teil von dir
abgespalten,
für dich behalten.
Der Bruch
Ich suche die
gemeinsamen Teile,
die übrig gebliebenen.
Ich suche meine
eigenen Teile, ohne dich
und setze mich
neu zusammen.

Selbstbild

Der Kern, der strahlende,
besteht aus mir allein.

Je weiter ich nach
außen komm,
desto mehr,
nehm ich andere mit dazu.

Es entsteht
eine bunte Färbung.

Ein Bild,
das sich immer wieder
neu zusammen setzt.

Ich liebe es

Ich liebe es,
mit dir
über Alltägliches
zu reden.
Über das,
was immer wieder kommt.
Tag für Tag.
Alltags-grau.
Es birgt etwas
Verlässliches in sich.

Zu hören,
wie du deinen Alltag
bewältigst,
macht meinen bunter.

Ich möchte

Ich möchte mich
nicht festlegen.
Kein wenn....dann...
Offen bleiben
für ganz neue
Möglichkeiten.

Mich überraschen lassen,
im Vertrauen,
in das,
was kommt.

Erwartungs-los-frei

Keiner weiß,
was mir wirklich
gut tut.

Also löse ich die
Erwartungs-haltung
nach Außen,
gehe nach innen
zu mir,
suche mich in mir,
spüre nach,
werde
Erwartungs-los-frei.

Die Pflanze

Die Pflanze,
die sich in mir
entwickelt,
darf mich überraschen,
mit ihrer Schönheit,
mit ihrem Ausdruck,
mit ihrer Zeit,
die sie zum Reifen braucht.
Ich darf mich
zurück nehmen,
lauschen, warten,
im vollsten Vertrauen,
in ihren
Werde-gang.

Wandlung

Wandel

Es gab eine Zeit
da entwickelte sich
zwischen uns eine Einheit,
tiefe Verbundenheit
miteinander.
Vertrauen pur.
Heute
geht jeder seinen Weg,
um eine Erfahrung
reicher.

Jetzt

Ich kann nichts festhalten,
jeder Moment vergeht,
löst sich auf.

Ich kann nur genießen
im Jetzt.
Alle Sinne öffnen und
ja sagen
zum Leben.

Ein Weg

Loslassen,
wahrnehmen,
annehmen,
das was kommt.

Bedingungs-los.
Erwartungs-frei.
In tiefem Vertrauen
ins Sein.

Momente

Ich möchte die schönen
Momente einfangen,
festhalten.
Die Zeit anhalten
und darin verweilen.

Statt dessen
verpasse ich
wertvolle Momente,
die folgen,
da ich mit den Vergangenen
beschäftigt bin.

Ich wollte dich
beeindrucken, anders sein,
als all die Menschen,
von denen du enttäuscht
wurdest.
Was Besonderes sein,
für Dich.
Dabei, habe ich mich
immer mehr von mir
selbst entfernt.
Nun geh ich den Weg
zu mir.
Ich bin was Besonderes
für mich
vielleicht auch für dich.
mit meinem wahren Ich

Selbst-lieben-leben

Wenn ich mich lebe,
zu mir komme,
mich wahrnehmen,
mir zuhöre,
mich liebe.

Dann entsteht Heilung
in mir,
dann kann ich mich
öffnen in mir.

Vielfalt

Ich liebe die Vielfalt
mal einfarbig,
mal bunt,
mal wild,
mal ruhig
nicht auf eine
Richtung ausgerichtet.
Sich der Vielfalt
des Lebens öffnen.
Sie sehen,
genießen,
in all ihrer Pracht.

Fünf Wunderwesen

Fünf verschiedene
Meinungen
Fünf unterschiedliche
Charakteren.
Fünf Wunderwesen.
Jedes mit seiner
ur-eigenen Art.
Was für ein Geschenk.
Was für eine Aufgabe.
Was für ein
Wandlungsprozess für mich.

Was für ein
besonderes Geschenk.

Dankbarkeit

Ich lausche der inneren
Ruhe, tief in mir.
Ich sehe das Licht
der Liebe, die mich umgibt.
Ich rieche die Frische
des Augenblicks,
immer wieder neu.
Ich schmecke die Vielfalt
des Lebens.
Ich spüre die unendliche
Geborgenheit.

In tiefer Dankbarkeit
umarme ich die Welt.

Raum für mich

Ich habe mir im Außen
einen eigenen Raum
geschaffen,
für mich alleine.
Eingerichtet nur mit
dem Nötigsten.
Ich genieße die Leere,
die Klarheit.
Die Möglichkeit
mich zurück ziehen
zu können,
in mein Reich.
Ausruhen, auftanken,
heil werden,
innen und außen.

Eigenständigkeit

Ich spüre in mir,
ein Gefühl von
Eigenständigkeit
wachsen.

Ich stehe innerlich auf,
(be)schütze mich,
nehme mich an die Hand
und meistere mein Leben
mit mir.

Neuorientierung

Ein Leben lang
stand ich unter Strom.
Immer aktiv,
immer im Tun,
die Ruhe meidend.

Nun suche ich
die Stille in mir.
Den Auf-tank-Ort.
Immer und immer wieder.

Naturgewalt

Bei offenem Fenster,
liege ich im Bett,
lausche dem Wind.
Er bläst und wirbelt
alles durcheinander.
Er nimmt mit,
ungefragt, ungezähmt.
Ich stell mir vor,
ich wäre ein Blatt,
hochgehoben,
mitgetragen,
weggeblasen,
abgelegt,
an einem anderen Ort.

Abgestürzt

Ich bin abgestürzt
in die Wertlosigkeit.

Um mich
wiederzufinden,
nach langen Irrwegen.

Im Licht,
der unendlichen Wertigkeit,
des zeitlosen Seins.

Wie geht es weiter ?

Finde keine Antwort.
Kann ich das Zerbrochene
ganz machen ?
Kann ich die
Verletzungen heilen ?
Soll ich gehen?
Neu beginnen ?
Ich lausche nach innen,
bin wie leer.
Ich nehme mich
an die Hand,
voll Vertrauen,
in das was kommt
und bin nicht mehr allein.

Grad-Wanderung

Es gibt An-Teile in mir,
die ich mit dir teile,
die ich dir offenbare,
in die du Einblick
bekommst.

Es gibt An-Teile in mir,
die ich bewusst vor dir
verschließe.
Mein ur-eigenes Sein,
das nur ich verstehen kann.

Es gibt eine Zwischenzone
je mehr Vertrauen,
desto mehr Einblick.

Verbundenheit

Ich fühle mich innerlich
tief mit dir verbunden.
Da wird es unwichtig,
wie sich
das Außen gestaltet.

Ein Blick ein Wort,
die Verbindung ist da.

Das Knäuel

Ich finde mich
im Spiegelbild
des Anderen
Nicht nur wenn ich mich
angenommen fühle,
mehr noch,
wenn ich mich nicht
verstanden fühle,
denn dann,
darf ich
das innere Knäuel
entwirren.

Ich entfache ein
großes Feuer.
Werfe all meine
Enttäuschungen,
Verletzungen
Selbst-Zweifel und
Wert-losig-keiten hinein.
Sie brennen lichterloh.
Urplötzlich werden sie
zu Asche.
Nun steh ich da,
nackt und frei.
Überrascht stelle ich fest,
wie vertraut sie mir waren,
wie sie mich
geschützt haben.

Freiheit

Ich genieße die Freiheit,
lass mich
von der Sonne wärmen,
lass mich
vom Regen waschen
lass mich
vom Wind durchblasen,
such mir Kleidung,
die gewebt ist aus
Selbst-liebe,
Selbst-vertrauen,
Eigen-sinn.

Ich gehe meinen Weg.
Du gehst deinen Weg.
Manchmal gehen wir
ein Stück gemeinsam.
Was für ein befreiendes
Gefühl, nur für mich und
meinen Weg zu sorgen.
Ich muss dir keine Steine
aus dem Weg räumen.
Kümmere mich um mich und
meinen Weg.
Richte mich alleine aus.
Entscheide spontan,
wo mein ureigener Weg
verläuft,
der für mich stimmt.

Weg 1

Manchmal schwimme ich
im Strom, untergetaucht
in der Menge.
Manchmal gehe ich einsam,
durch spitze Dornen.
Manchmal fliege ich
der Sonne entgegen.
Manchmal hake ich mich
bei dir ein
und geh ein Stück mit dir.

Weg 2

Doch irgendwann
kommt der Moment,
wo ich los lasse,
in tiefem Vertrauen zu mir.
Die ersten Schritte allein,
sind noch unsicher und
fremd.
Oft in Gedanken
gegangen,
werden nun Realität.

Unendliche Weite

Ich suche meinen
Ruheort,
wo alles inne hält,
in sich ruht.
Gleichmütig,
unberührbar
von äußeren Gegebenheiten.

An der Schwelle
lege ich die
Alltagskleider ab.
Tauche ein,
in die grenzenlose Stille,
in die unendliche Weite
und lass mich treiben.

Grenzenlos

Mich öffnen
für alle Möglichkeiten,
nicht festlegen,
nicht einschränken,
grenzenlos.

Die Unendlichkeit,
die Weite
in mir spüren und
nach Außen leben.

Manchmal ein schier
unerreichbares Ziel.
Manchmal ganz einfach da.

Das Ziel

Du sagst, Du weißt
was Dir gut tut,
weil Du Dich liebst.

Was für eine Aussage.
Ich staune
und lausche.

Das wäre ein Ziel,
für dass es sich lohnt,
zu leben.